Mt Zion Ridge Press LLC
295 Gum Springs Rd, NW
Georgetown, TN 37366
https://www.mtzionridgepress.com

ISBN 13: 978-1-962862-70-7
Published in the United States of America
Publication Date: June 1, 2025
Copyright: © Jerah Alvarado, 2025

Editor-In-Chief: Michelle Levigne
Executive Editor: Tamera Lynn Kraft

Edited by Bettie Boswell
Illustrations & Cover art design by Autumn Rose Arias
Spanish Translation by Jerah Alvarado

Would you rather live in a world where all the animals got along — like when Adam and Eve lived with all the animals in the Garden of Eden? (Genesis 2:19)

Or would you rather . . .

¿Preferirías vivir en un mundo donde todos los animales se llevan bien, como cuando Adán y Eva vivieron con todos los animales en el Jardín del Edén? (Génesis 2:19)

¿O prefieres . . .

Travel on a camel for a few days to meet a loved one — like when Rebekah traveled by camel to meet her husband Isaac? (Genesis 24:61-67)

Or would you rather . . .

Viajar en camello por unos días para encontrarte con un ser querido, como cuando Rebeca viajó en camello para encontrarse con su esposo Isaac? (Génesis 24:61-67)

¿O prefieres . . .

Dream of fat and skinny cows — like when Pharaoh dreamt of seven skinny cows eating seven fat cows?
(Genesis 41:15-21)

Or would you rather ...

Soñar a vacas gordas y flacas, como cuando Faraón soñó con siete vacas flacas comiéndose a siete vacas gordas?
(Génesis 41:15-21)

¿O prefieres . . .

Ride on a donkey that talks to you — like when Balaam's donkey asked him questions?
(Numbers 22:27-31)

Or would you rather . . .

Montar en un burro que te habla, como cuando el burro de Balaam le hizo preguntas?
(Números 22:27-31)

¿O prefieres . . .

Catch many foxes — like when Samson caught 300 foxes and paired them with their tails to carry torches into town? (Judges 15:3-5)

Or would you rather . . .

Atrapar muchos zorros, como cuando Sansón cazó 300 zorras y las ató cola con cola en parejas para llevar antorchas por los sembrados? (Jueces 15:3-5)

¿O prefieres . . .

Rescue your pet from a bear — like when David, with God's help, took a sheep out of a bear's mouth and then killed the bear? (1 Samuel 17: 34-36)

Or would you rather . . .

Rescatar a tu mascota de un oso, como cuando David, con la ayuda de Dios, sacó a una oveja de la boca de un oso y luego mató al oso? (1 Samuel 17:34-36)

¿O prefieres . . .

Find yourself next to lions not interested in eating you — like when Daniel was thrown into a lion's den, but God protected him by closing their mouths? (Daniel 6:16-23)

Or would you rather . . .

Encuentrarte al lado de leones que no están interesados en comerte, como cuando Daniel fue aventado al foso de los leones, pero Dios lo protegió cerrándoles la boca? (Daniel 6:16-23)

¿O prefieres . . .

Soar on wings like eagles — like those who hope in the Lord and renew their strength? They will soar on wings like eagles, run without getting tired, and walk without fainting. (Isaiah 40:31)

Or would you rather . . .

Volar con alas como águilas, como los que esperan en el Señor y renuevan sus fuerzas? Levantarán alas como las águilas, correrán y no se cansarán caminarán, y no se fatigarán. (Isaías 40:31)

¿O prefieres . . .

Find money inside a fish while fishing — like when Jesus told Peter to find a coin in a fish's mouth? (Matthew 17:24-27)

Or would you rather . . .

Encontrar dinero dentro de un pez que pescas, como cuando Jesús le dijo a Pedro que encontrara una moneda en la boca de un pez? (Mateo 17:24-27)

¿O prefieres . . .

See angels while you take care of your pets — like when a host of angels announcing Jesus' birth appeared to shepherds tending their sheep?
(Luke 2:8-14)

Or would you rather . . .

Ver ángeles mientras cuidas de tus mascotas, como cuando una hueste de ángeles anunciando el nacimiento de Jesús se apareció a los pastores que cuidaban sus ovejas?
(Lucas 2:8-14)
¿O prefieres . . .

Search for a lost pet — like the shepherd who leaves his 99 sheep to look for the one who is lost? (Luke 15:3-7)

Or would you rather . . .

Buscar una mascota perdida como el pastor que deja sus 99 ovejas para buscar a la que se ha perdido? (Lucas 15:3-7)

¿O prefieres . . .

Ride on a white horse — like when we ride with Jesus and His other followers on white horses? (Revelation 19:11-16)

Or would you rather . . .

Montar en un caballo blanco, como cuando cabalgaremos con Jesús y Sus otros seguidores en caballos blancos? (Revelación 19:11-16)

¿O prefieres . . .

Lead a wolf, a lamb, a leopard, a goat, a calf, and a lion -- like a child in heaven who will lead them while the bear eats with a cow, and a lion eats straw like an ox?
(Isaiah 11:6-7)

Then you will live in a world where all the animals get along--like when Adam and Eve lived in the Garden of Eden!

THE END

Guiar a un lobo, a un cordero, a un leopardo, a un cabrito, a un becerro, y a un león, como un niño en el cielo los guiará, mientras el oso come con una vaca y un león come paja como un buey? (Isaías 11:6-7)

¡Entonces vivirás en un mundo donde todos los animales se llevan bien, como cuando Adán y Eva vivían en el Jardín del Edén!

El FIN

Author Jerah Alvarado Notes for Parents and Guardians:

This book was born from the desire for my daughters to read the Bible. Only interactive books would hold my middle child Isabella's attention, so I created something to pique her interest in the Bible. My prayer is that all children would grow to love God's word. My hope is that children can see God's love and miracles in each story and learn how Mighty He is.

I've included Bible references so that you and your child can go deeper into each story. This is just a tool for the parents, not a Bible replacement. No book can top the Bible. As the parent, you can ask interactive questions at the end. If their attention span is short, you may want to pick only one of these questions every time you read the book.

Did the child know all the Bible stories in this book? If not, you can look up the unknown story in your Bible.
Which scenario would your child pick? Look up the story in the Bible to let your child's interest grow.
Which scenario is your child less likely to pick and why? Look up the story in the Bible to see if that would change their minds?

You, the parents can also pick a favorite or least favorite during one of your readings so that your child feels you're participating as well.

You can even pick one of the stories daily for your child to use as a devotional guide. There are countless ways to use this book. If you subscribe to my newsletter, you can download free coloring sheets to use as an activity after reading this book.

Did you notice the puppy with eagle wings the illustrator added in each scene? If not go back and find him in all the stories!

Nota de la Autora Jerah Alvarado para los Padres:

Este libro nació del deseo que mis hijas leyeran la Biblia. Solo libros interactivos podían detener la atención de Isabella, mi hija del medio, así que hice algo que llamé su atención en la Biblia. Mi oración es que todos los niños crezcan amando la Palabra de Dios. Mi esperanza es que niños puedan ver el amor de Dios y los milagros en cada historia y aprendan que Él es Poderoso.

He incluido referencias de la Biblia para que usted y su hijo puedan ir más profundo dentro de cada historia. Es solo una herramienta para los padres, no es un reemplazo para la Biblia. Ningún libro puede superar la Biblia. Como padres, pueden hacer preguntas interactivas al final. Si la capacidad de atención de ellos es corta, tal vez quisieran escoger nada más una de estas preguntas cada vez que lees el libro.

¿Su hijo conocía cada historia Bíblica en este libro? Si no, pueden buscar la historia desconocida en su Biblia.
¿Qué escenario escogería su hijo? Busquen la historia en la Biblia para dejar que el interés de su hijo crezca.
¿Cuál es el escenario que menos escogería su hijo y por qué? Busquen la historia en la Biblia para ver si cambiaria de mente.

Ustedes, los padres también pueden escoger un favorito o menos favorito durante una de las leídas para que el niño sienta que participan también.

Ustedes pueden aun escoger una de las historias diariamente para que su hijo lo use como una guía devocional. Hay maneras incontables de cómo usar este libro. Si se suscriben a mi boletín de noticias, pueden descargar hojas para pintar gratis que pueden usar como actividad después de leer el libro.

¿Notaron el perrito con alas de águila que la ilustradora uso en cada escenario? ¡Si no, regresa a encontrarlo en cada historia!

Author Bio:
Jerah Alvarado lives in Texas with her husband and three energetic daughters, surviving on coffee and thriving on grace.

Biografía de la Autora:
Jerah Alvarado vive en Tejas con su esposo y sus tres hijas enérgicas, sobreviviendo con café y prosperando con la gracia.

Illustrator Bio:
Autumn Rose Arias has been drawing since she discovered colors at the age of two. Now she uses computer programs to help bring her imagination to life. When she isn't creating new art, she enjoys singing.

Biografía de la Ilustradora:
Autumn Rose Arias dibuja desde que descubrió los colores a los dos años. Ahora utiliza programas informáticos para ayudar a dar vida a su imaginación. Cuando no está creando arte nuevo, le gusta cantar.

Dedicated to my daughters Robin, Veronica, and my animal loving daughter Isabella, who gave me the theme for this picture book.

Special thanks to my husband, Robert, for all his love & support. To my writing village that helped me specifically on this book, Vero Mtz, Megan Castles, Autumn Arias, Bettie Boswell and all the behind-the-scenes people in Mt. Zion Ridge Press, I couldn't have done it without you. Thanks to all my loved ones and friends who cheered me on during this journey, you know who you are. Lisa, the fox story is for you! To Tamera Kraft thanks for believing in me. My readers, thanks for keeping this book alive. To God the author of my life, to you be the glory.

www.ingramcontent.com/pod-product-compliance
Lightning Source LLC
Chambersburg PA
CBHW041157120626
46547CB00020B/3245